DÉBUT D'UNE SÉRIE DE DOCUMENTS
EN COULEUR

PETITES NOTES HISTORIQUES

Par M. le D Ch. VIGEN

Publication du

*Recueil de la Commission des Arts et Monuments historiques
de la Charente-Inférieure*

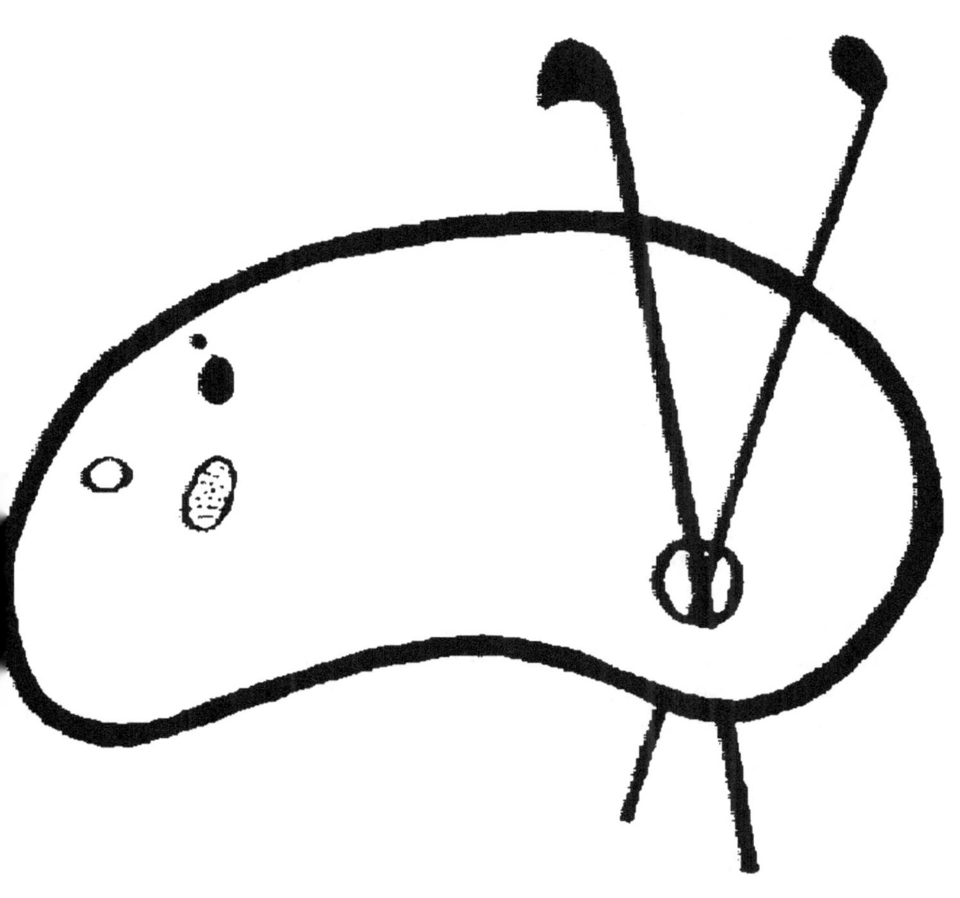

FIN D'UNE SÉRIE DE DOCUMENTS
EN COULEUR

Ancien cimetière de Challaux, près Montlieu

L'église Saint-Vincent de CHALLAUX, située dans un vallon frais
et sombre, remonte, d'après son architecture, au XII° siècle pour la
nef, au XIII° ou XIV° pour le sanctuaire et le clocher ; c'était jadis
le siège d'un prieuré-cure, relevant de l'abbaye de Saint-Vincent
de Bourg, et le chef-lieu d'une paroisse, devenue commune à la
Révolution, mais qui a été réunie en 1834 à celle voisine de Saint-
Vivien, pour former la commune actuelle de La Garde.

Du bourg même de Challaux, il ne reste plus qu'une ferme ; et
des bâtiments curiaux, aliénés en l'an V, que quelques murs en
ruines. Le cimetière joint l'église de trois côtés ; il a été agrandi du
double en 1834 et 1875. Le tout est aujourd'hui englobé dans la
propriété de la famille Vigen.

Au midi du cimetière, mais en contrebas d'un mètre environ, est
le jardin de la métairie ; ce terrain a servi lui aussi de lieu de
sépulture, car on y trouve fréquemment, à 30 ou 40 centim. de
profondeur, des ossements et des sarcophages entiers ou brisés.
Comme on y creusait plus profondément, nous avons cherché à
explorer plusieurs tombes, encore inviolées.

Dans l'emplacement fouillé, les sarcophages se touchent presque,
séparés entre eux par quelques moellons ou des morceaux de
briques à rebords ; ce sont des auges monolithes en pierre, orien-
tées catholiquement, en pierre tendre mais non gélive, semblable à
celle des carrières de Cubzac ; les dimensions moyennes sont :
longueurs, 1 m. 90 à 1 m. 96 ; largeurs : 45 à 55 cm. à la tête, 22 à
25 aux pieds ; profondeurs : 28 à 30 cent. ; épaisseur des parois :
8 à 10 cm. ; pas d'encastrement à la tête.

Quelques-uns ont encore leur couvercle, qui est prismatique, en
un ou deux morceaux ; je n'ai pu y relever d'inscriptions qui ont
peut-être été détruites par les nombreux coups de pioche ou de
charrue qu'on y constate.

Le contenu, fouillé avec soin, nous a révélé généralement un
squelette encore en place, mais recouvert de terre, avec les débris
d'un ou plusieurs autres, comme provenant de sépultures successi-
ves dans un petit caveau familial.

Aucun objet mobilier, arme, agrafe, pièce de monnaie ou autre,
n'a pu être retrouvé.

Beaucoup d'autres sarcophages, que nous n'avons pas touchés, joignent ceux-là ; nous en avons seulement extrait un, comme spécimen, mais qui s'est brisé par le milieu. Un autre, intact, avait été exhumé il y a quelques années et sert de timbre ou auge.

Le terrain qui a continué à servir de cimetière est, ai-je dit, plus élevé d'un mètre au moins, sans doute par l'apport millénaire de générations humaines qu'on y a ensevelies. Quand on y fouille plus profondément que d'habitude, par exemple pour y construire des caveaux, on rencontre aussi des sarcophages, qui sont au même niveau des nôtres.

C'est qu'au moyen âge les cimetières étaient plus étendus qu'ensuite : le mode d'inhumation en cercueils de pierre y obligeait sans doute ; ces cimetières font quelquefois l'objet d'un revenu, pacage ou même culture, qui est mentionné dans les chartes de Baigne ou de Barbezieux.

Avril 1912.

—

Note sur un Cadran solaire en étain et plomb,

par JEAN POMMIER

16.7

trouvé à Challaux en 1885 en ma présence, dans la même maison que la Critique de la guerre de la Ligue d'Augsbourg, de 1688.

Description

Cadran solaire en alliage de plomb et d'étain, à section octogonale de 17-18 centimètres de diamètre, pesant 480 grammes.

Trouvé en 1885 dans un caniveau souterrain, passant sous la maison des métayers de Challaux, commune de la Garde-Montlieu, où il était sans doute enfoui depuis bien longtemps.

Les traits, chiffres, lettres, sont en *relief*, c'est-à-dire que le cadran a été coulé sur un dessin *en creux*; ces lignes ont environ 2 mm. de largeur et 1 mm. de saillie. Le style, qui est perdu, était pris dans des petites encoches.

Dans une des encoches, il ne me paraît y avoir eu place que pour un chiffre petit, comme un 1 ou un 2.

Cette maison appartenait à la fin du XVIIe siècle aux Masrouby : François Masrouby, prieur-curé de Challaux, 1654 ; à sa mort

1694. passée à son neveu François Masrouby, sieur des Galards, auteur des Vigen d'aujourd'hui.

Je lui ai refait un style, et l'ai fixé sur une plaque de zinc.

A Chepniers, sur le pilier sud du portail de l'église, est un cadran solaire vertical, de 22 cm. sur 15, daté de 1632. Le style manque.

Sur les Pommier

C'était, dès le XVII* siècle, une famille de *recouvreurs en ardoise*, résidant à Montguyon ou en Vassiac.

Jean Pommier (1645-1708), maître recouvreur, époux de Catherine Vignon, répara la toiture du château.

Jacques Pommier, maître recouvreur, épousa en 1719 Jeanne Boucherie ; leurs dots sont de 40 et 55 livres.

Nicolas Pommier épousa en 1793 Jeanne Giraud.

Leurs descendants fixés aux Couperies, près Montlieu. au XIX* siècle. avec Pierre Pommier. maître maçon, fils de Nicolas Pommier et époux en 1831 de Françoise Boiteau ; il est conseiller municipal, m. 1854, et père de Nicolas Pommier, propriétaire et bouilleur, époux de Papillaud, dont 3 fils : Joseph, pharmacien ; Paul, marin ; et Maxime, propriétaire et adjoint de Montlieu.

La vieille maison des Geneuil, pharmaciens, à Montguyon, portait naguère un cadran solaire mural, peint en rouge avec le nom *Nicolaus Pommier* (tradition de la famille).

La famil'. Rougier-Vigen possède un vieux cadran solaire de jardin, en marbre blanc gravé, brisé par le milieu, et qui est marqué P (÷ 6) (ou 46) (?). Ce P pourrait être l'initiale d'un Pommier.

Juillet 1916.

Vers 1688. — Critique de la guerre de la Ligue d'Augsbourg contre Louis XIV, et de l'attitude des puissances européennes figurées comme jouant à l'hombre.

Document trouvé à Challaux en 1870,
dans la même maison qu'un cadran solaire du XVII siècle.*

Critique de la guerre de 1688

En août 1870, entre les quartiers d'une cheminée de la métairie de Challaux, qu'on réparait alors, a été trouvé un vieux papier plié, enfumé, jauni, oublié là depuis deux siècles, et qui contenait la curieuse satire suivante, qu'il est facile de rattacher à la guerre de 1688, et qui dépeint allégoriquement, en les comparant à des joueurs de cartes, l'attitude des puissances européennes dans ce conflit entre Louis XIV et les confédérés de la Ligue d'Augsbourg.

La maison où fut découvert ce *chiffon de papier* appartenait alors au prieur-curé de Challaux, aujourd'hui commune de la Garde-Moutlieu, François Masrouby, d'origine limousine ; elle est passée à ses arrière-neveux, les Vigen.

Voici d'abord le texte intégral du document, que je ferai suivre de quelques commentaires de ma façon.

A. — Texte

1. « Touttes les puissances de l'Europe s'assemblent pour jouher à l'homme, autrement à la beste.

2. « Le cardinal de Fustambert tient l'Académie et fourny les cartes.

3. « Les Jésuites les mellent, coupées et données qu'elles sont aux jouheurs. Ils tournent pique.

4. « La Hollande se trouvant la première en carte fait jouher à dessain de monter sur sa beste.

5. « Le Prince d'Orange joue atout par sa dame.

6. « L'Allemaigne, qui soupçonne ce jeu, dit tout haut aux jouheurs : Il faut nuire au contre.

7. « La Pollougne, qui ne veut pas jouher, se contente de parier pour contre.

8. « La Savoye apréhandant dit : Sy le contre pert, je quitte le jeu.

9. « Le Dannemargt dans son inconstance dit : Je ne sais ce que je dois faire.

10. « L'Angleterre respont afin de nuire au contre : Je me delfais de mon roy.

11. « La République de Venise respond aussy : Je n'aurais pas joué à ce jeu-là.

12. « Le Portugal dit aussy : Mon jeu ne fait ni bien ni mal.

13. « La Suéde ne voulant rien risquer dit aussy : Je ne joue pas sur ma bourse.

14. « L'Espaigne toutte triste dit encore : Je ne saurais jouer à ce jeu-là que je ne perde.

15. « La République de Genne, formalisée de son jeu, dit aussy : Si j'avais assez de jeu, je nuirais au contre.

16. « Les Princes d'Italie apréhandant dissent aussy : Nous devons nuire au contre.

17. « (1 ou 2 articles manquent par une coupure du papier.)... renoncent fait la beste.

18. « Le Turcq. qui n'est pas de la partie. regardant les joulieurs. leur dit : Prenez garde que le contre ne fasse la roue.

19. « L'Irlande respond : Si celluy quy a fait jouher donnent en mon jeu, il a perdu.

20. « Les Suisses, se trouvant les derniers au jeu, dissent qu'ils joueront sy on leur donne de l'argen (1). »

B. — MES COMMENTAIRES

Le contre désigne la France.

1. C'est le jeu de *l'hombre* (en espagnol = homme); où quelquefois un joueur fait la beste quand il ne fournit pas.

2. L'évêché de Cologne est conféré par le pape au prince Clément de Bavière, frère de l'électeur. au détriment du cardinal Egon de Fustemberg, évêque de Strasbourg, patronné par la France.

3. Les Jésuites sont toujours accusés de brouiller les cartes : ils étaient peut-être soupçonnés alors de soutenir le pape Innocent XI dans sa querelle avec Louis XIV, à propos des droits de régale et des franchises des ambassadeurs à Rome.

4 et 5. Guillaume de Nassau, prince d'Orange et stathouder des Pays-Bas, détrône en novembre 1688 Jacques II Stuart. roi d'Angleterre. son beau-père : c'est lui l'inspirateur des embarras créés au Roi de France pour l'empêcher d'intervenir en Grande-Bretagne. Marie Stuart est déclarée reine. et remplacée en 1695 par son mari.

6. La Ligue est signée secrètement à Augsbourg en juillet 1686 par la plupart des princes allemands.

7. Jean Sobieski, roi de Pologne 1673-96, reste neutre.

8. Victor-Amédée. duc de Savoie 1675, roi de Sardaigne 1715-20; neveu de Louis XIV par sa femme ; entre d'abord dans la Ligue, mais, vaincu par Catinat, se rallie à la France.

---

(1) L'écrivain de cette fantaisie, bien qu'il n'ait pas signé. ne peut être autre, d'après l'icographie. que Jean Bellot. sieur de la Vimandrie, demeurant au bourg de Montlieu, où il est notaire seigneurial et instructeur de la jeunesse. Epoux de Marie Cellier. dont postérité. Il a aussi écrit, vers 1685. le censif de Montlieu, que je possède.

9. Christian V, roi 1670-99 de Danemark et Norvège ; il avait combattu Louis XIV 1675-79, mais il s'abstint à cette guerre.

10. Détrônement de Jacques II par son gendre et sa fille (fin 1688).

11. Ligue confirmée à Venise au carnaval 1687.

12. Pierre II de Bragance, roi 1667-1706. Neutre.

13. Charles XI, roi 1660-97, signe la Ligue, mais ne combat pas.

14. Charles II, roi d'Espagne 1665-1700, dont on escompte déjà la succession ; il perd en février 1689 sa femme Louise d'Orléans.

15. En 1684-5 Louis XIV avait fait bombarder Gênes, et forcé le doge Imperiali de venir se soumettre à Versailles.

16. Milan, avec les Deux-Siciles, appartient à l'Espagne ; Modène à François d'Este ; Parme et Plaisance à Ranuce Farnèse ; Florence et la Toscane à Cosme de Médicis, gendre de Gaston d'Orléans. En plus, les États de l'Église. Tous paraissant neutres.

18. Les Turcs prennent Belgrade. Septembre 1688, les ducs de Bade et de Bavière battent les Turcs.

19. L'Irlande préfère les Stuarts catholiques aux protestants orangistes. Jacques II, débarqué mars 1689, y est battu définitivement en juillet 1690.

20. « Pas d'argent, pas de Suisses. » 7 mai 1689, traité de neutralité avec les cantons.

<h3 style="text-align:center">ANNEXE</h3>

Voici comme objets de comparaison deux documents du même genre :

A) Cf. dans Journal de Barbier, t. VI p. 4, (Janv. 1754), une plaisanterie analogue : « On dit que le chancelier (Guil. de Lamoignon), « le garde des sceaux (Fleuriau d'Armenonville), et M. d'Argenson « (ministre de la guerre et des postes), jouent au tri ou média- « teur à trois couleurs, qui est fort à la mode : que M. d'Argenson « bat les cartes et met le Roi dessous ; que le garde des sceaux « cache son jeu et voit venir ; et que le chancelier fait la bête. »

B) L'Intermédiaire du 22 décembre 1899 (XL, 1093) donne cette autre fantaisie, trouvée dans une vieille lettre :

Les Jeux de la Cour. Le Roi (Louis XVIII) joue aux échecs avec le duc d'Angoulême. Monsieur observe attentivement la partie. Son fils se tourne vers lui, et dit : « Je ne pourrais pas conserver mon Roi, il est trop mal entouré. » Monsieur répond : « En changeant Decaze, ce serait encore possible. » — « Pas de conseil », dit le Roi. Alors Monsieur va rejoindre Madame, qui joue à la patience.

1. Le duc et la duchesse de Berry boudent dans un coin, et font l'enfant.

2. M. le duc d'Orléans joue à l'ombre.

3. le prince de Condé au solitaire.

4. Ensuite Monsieur va jouer au reversis avec M. Corvetto : l'un fait la bête, l'autre tire les remises.

5. M. Decaze joue à l'impériale, en attendant pour la partie de triomphe le retour de Boston.

6. M. Lainé joue à l'oie, M. Pasquier à la peur.

7. Les ministres de la guerre et de la marine à l'écarté.

8. Le directeur des postes joue aux petits paquets, et voit le dessous des cartes.

9. Les préfets jouent à l'as qui court.

10. Pendant ce temps, Talleyrand fait une partie de trictrac, et prépare un jan de retour.

11. Les députés jouent à la bataille, les pairs aux boules, les exilés à la rancune, les contribuables à la misère, et tous ensemble jouent de leur reste.

ESSAI D'EXPLICATION

Les premières phrases n'ont pas besoin de commentaire : l'attitude des personnages y mentionnés étant trop connue.

1. Le duc et la duchesse de Berry, mariés en juin 1816 : leur fille née le 13 juillet 1817 : ils eurent un garçon mort en naissant le 13 septembre 1818.

2. Le duc d'Orléans, revenu en avril 1817 d'Angleterre, où il séjournait depuis le 30 mars 1815 : il était déjà soupçonné d'intrigues contre ses cousins.

3. Le prince de Condé, ancien chef de l'émigration, vivait en solitaire l'hiver au Palais-Bourbon, et l'été à Chantilly ; il mourut à 82 ans le 13 mai 1818.

4. Corvetto, ministre des finances septembre 1815 à décembre 1818 ; intègre et habile. Faire la bête ou passer, ou tirer les remises, chances du jeu de reversis.

5. Decazes, ministre de la police depuis septembre 1815, passé à l'intérieur à la fin de 1818 jusqu'à la mort du duc de Berry. Sous l'Empire, il avait été juge à Paris et secrétaire des commandements de S. M. *Impériale* Madame Mère. Je ne comprends pas l'allusion au retour de Boston, à moins que, comme dans le jeu de ce nom, le valet de carreau, qui est la carte maîtresse, il ne compte faire toutes les levées, et remporter le triomphe. Le jeu de mots sur le nom du favori de Louis XVIII : « *Sire, changez de case* », était con-

rant parmi les amis du comte d'Artois ; et je suis sûr que le sous-préfet de Saintes depuis janvier 1816, le bon M. de Blossac, dut s'en servir plusieurs fois, lui qui trouva le moyen de se faire révoquer en mai 1818, comme trop ultra, et ne fut replacé qu'en 1821 par M. de Villèle. Quant à M. Decazes, il venait d'acquérir en Saintonge, à quelques lieues de son château familial, le vaste domaine du Gibaud, près de Montguyon, qui lui fut payé, dit-on, par la cassette royale.

6. Lainé, ministre de l'intérieur de mai 1816 à décembre 1818, constitutionnel. Pasquier, ministre de la justice de janvier 1817 à décembre 1818 ; il eut, en cette qualité, à diriger bien des poursuites contre les nombreux complots politiques de cette époque, exploitant *la peur* causée sans cesse aux amis de l'ordre établi.

7. Les titulaires de ces deux ministères furent, de septembre 1817 à décembre 1818, le maréchal Gouvion-Saint-Cyr, et le comte Mathieu Molé : ils se tinrent à *l'écart* des exagérations réactionnaires.

8. Le directeur des postes aux chevaux et aux lettres, alors M.   avait, bien entendu, le *cabinet noir* dans ses attributions.

9. Les préfets départementaux étaient interchangeables, tout comme aujourd'hui. Cependant M. de Dalmas, qui administrait alors la Charente-Inférieure, y demeura quatre années entières.

10. Talleyrand avait été évincé du ministère en septembre 1815 ; mais était resté grand chambellan à 100.000 fr. Au trictrac, faire un *jan de retour*, c'est passer ses dames sur la table de l'adversaire.

11. Pendant la session de 1817-1818, les Chambres discutèrent ardemment et votèrent une loi sur la presse, et la loi organique sur le recrutement de l'armée, dite loi Gouvion-Saint-Cyr, promulguée le 10 mars 1818 ; de grands débats eurent lieu notamment à la Chambre des députés du 14 janvier au 5 février précédents. Les exilés et les contribuables ne sont jamais satisfaits, ce qui est assez naturel.

— En conséquence, j'estime que cet écrit doit dater des deux premiers mois de 1818, d'après les allusions que j'y relève.

20 août 1916.

———

Jussas et Corignac. — 212 confessions pascales en 1770, fixation des jours par le curé. Le dernier jour réservé aux seuls meuniers.

Tout le monde a lu et savouré le charmant conte d'Alphonse

Daudet, intitulé *Le Curé de Cucugnan*, où celui-ci, désireux de mettre quelque ordre dans les confessions de ses paroissiens, un peu trop en retard selon lui, assigne un jour aux enfants et aux jeunes filles, un autre aux hommes, un autre aux femmes, et réserve le samedi tout entier pour entendre les aveux du meunier seul.

Les registres religieux de la petite paroisse de Jussas, près Montendre, avec son annexe encore plus petite de Corignac, contiennent, sous la date de Pâques 1770, un appel et un classement du curé pour entendre en confession ses paroissiens, ceux-ci convoqués par villages. Et le samedi, dernier jour, est réservé non pas à un seul meunier, mais aux fariniers exploitant les trois ou quatre moulins, assez rapprochés, bâtis sur le ruisseau de la Livenne.

La nomenclature n'est pas aussi jolie que dans la nouvelle de Daudet, mais elle est moins fantaisiste. Je n'ose dire que cela vaut mieux ; en tout cas, c'est un curieux chiffon de papier, dont voici la reproduction :

Année 1770. Jours auxquels doivent pendant les Pâques se rendre dans l'église dudit Jussas, tant ceux de la présente paroisse que de Corignac, pour se confesser et faire leurs pâques.

« Le jour des Rameaux, les hommes des Eliots et de la Petite Métairie, 10. — Après vêpres, les femmes et les filles desdits villages, 13.

« Le lundy, les femmes des Girauds, de la Noblesse, de Pelouaille, de Chez Gautron, de Gravot, des Allards, 16.

« Le mardy, les femmes du Moulin de Jussas et de Trignac, 9.

« Le mercredy, celles de Chez Nouet, Chez Croizet, des Ardouins, 7 en tout.

« Le jeudy, les femmes de Chez Fort et Chez Marchand, 13.

« Le vendredy et samedy saints, celles du bourg de Jussas et de Chez Fort, 23.

« Pâques, avant la messe, les hommes de Chez Nouet et Chez-Croizet, des Ardouins, des Allards, de Gravot, de Chez-Gautron, et des Girauds, 15.

« Après vêpres, ceux du bourg de Jussas, 10.

« Le lundy de Pâques avant la messe, les hommes de Corignac, savoir : du Coin, du Petit Moulin, de Biraud, de Piégut, du Geard, de Torraine, 14. — Après vêpres, ceux du bourg de Jussas, 9.

« Le mardy de Pâques avant la messe, les hommes du bourg de Corignac et du Moulin de Poton, 17. — Après vêpres, ceux de Chez Marchand, Fort et Pelouaille, 12. »

« Le mercredy d'après Pâques, les femmes du bourg de Corignac et du Moulin de Poton, 20.

« Le jeudy, vacat.

« Le vendredy, les femmes de Biraud, du Coin, du Petit-Moulin, de Piégut, et du Geard en Corignac, 15.

« Le samedy, les hommes du Petit Moulin, et ceux du Moulin de Jussas, de (celui de) Trignac et Jussas (*sic*, leur nombre n'est pas indiqué, peut-être une dizaine de pénitents éventuels).

« *Signé* : DE VILLEFUMADE, curé. »

NOTES ET OBSERVATIONS

Ce document m'avait échappé quand j'ai compulsé, en mai 1889, les registres paroissiaux de Jussas et Corignac. Je l'ai pris dans le *Saintongeais* du 15 juillet 1911, communiqué, dit le journal, par un chercheur infatigable, et un fervent de l'histoire locale. Je ne vois pas, dans la contrée, qui peut être ainsi désigné.

Quoi qu'il en soit, la copie imprimée est assez fautive, et les noms des villages plusieurs fois estropiés ; peut-être même a-t-elle quelques lacunes : les hommes de La Noblesse n'y sont pas indiqués, et ceux du Moulin de Jussas y sont nommés deux fois.

Les femmes sont toutes convoquées pour les jours ouvrables : celles de Jussas pour la semaine sainte, et les trente-cinq de Corignac pour la semaine d'après Pâques, soit huit journées et demie pour cent seize pénitentes.

Les hommes sont moins nombreux, quatre-vingt-seize seulement ; ils ne sont appelés qu'aux jours fériés : les Rameaux, Pâques, le lundi et le mardi qui suivent.

Seuls, les meuniers ne sont mandés que le dernier jour, comme si le curé avait craint, en laissant trop d'intervalle entre leur confession et leur communion, qu'ils ne fussent tentés de prélever de trop fortes *émoulures* sur les *pochées* de leurs clients. En quoi il n'avait pas tort, si j'en juge d'après ceux que j'ai vus opérer quand les petits moulins tournaient encore.

— Le curé organisateur de cette liste était *de... Aubert de* VILLEFUMADE, d'une famille notariale de Ribérac, et qui a exercé à Jussas de 1765 à fin 1792. Assermenté, il se retira à Montendre, où il mourut le 18 janvier 1802, âgé de 65 ans, « prêtre pensionné ». Un sien cousin, officier de santé, était un des principaux terroristes de cette petite ville, et est mort en 1835.

P.-S. — Une histoire dans ce genre m'a été racontée depuis sur un meunier de la région montagnaise, qui était allé se confesser à son curé, dans le temps où les meuniers se confessaient encore. Après s'être accusé d'avoir dérobé à son voisin un cent de fagots de vergne accrus sur l'autre rive de son étier, il avait reçu pour pénitence, avant l'absolution, cinq *Notre Père* et *Je vous salue* à réciter tout bas. Le soir même, de retour chez lui, aussitôt sa pénitence faite, il était allé chercher cinquante fagots — car il n'en avait encore emporté que cinquante — et crut sans doute s'être ainsi mis en règle avec les sacrements et avec sa conscience.

Si non è vero...

20 août 1916.

Les Armans, Allemands, en Roch et Saint-Palais. — Origine du nom.

Il y a en France plusieurs communes dont le nom rappelle par trop nos ennemis d'outre Rhin : *Allemagne*, dans les Basses-Alpes et le Calvados ; *Les Allemands*, dans l'Ariège et le Doubs ; *Allemans* ou *Allemont*, dans l'Aisne, la Dordogne, le Maine et le Lot-et-Garonne. Plusieurs de ces communes sont en instance pour changer ce vocable détesté.

Il existe sans doute un plus grand nombre de villages, hameaux ou lieux dits, affublés de la même désignation. Pour les uns et les autres, il faudrait une étude détaillée en vue de déterminer l'origine du nom : les documents et les érudits manqueraient probablement pour beaucoup.

Cependant, il est aux environs immédiats de Montlieu, dans cette commune et celle de Saint-Palais, deux petits hameaux, trois feux en tout, séparés à vol d'oiseau par moins de trois kilomètres, et dits *Les Allemands*, mais dont l'ancien et véritable nom est *Les Armans*, étant des maisons bâties vers 1670 par deux frères Arman, venus du Limousin avec leur oncle, prieur-curé de Saint-Laurent de Roch.

Cette transformation du nom d'Arman en Allemand, sans parler de la liquide voyageuse, peut avoir été facilitée par le nom du 3ᵉ prieur-curé de Roch, Denis Allemand, 1726-1735, agenais. Lui aussi mena au pays son neveu Louis Almant, marchand, qui arrenta une métairie en Saint-Vivien ; finalement sa veuve et son fils la déguerpirent, et revinrent à Agen.

J'ai connu un vieillard qui avait beaucoup vu, et bien su voir, et qui connaissait cette rectification. La carte de Cassini, fin du XVIII° siècle, nomme l'un Lalmand, l'autre Les Armands : les cartes actuelles, Les Allemands. — Quant aux habitants passagers de ces métairies, et même leurs propriétaires, bourgeois aisés, ils n'ont jamais rien réclamé ni rectifié.

Donc, le troisième curé connu de Roch s'appelait Cerice ou Cyriaque Arman, originaire de Marcillac (Corrèze actuelle), et fut successivement vicaire de Neuvicq, curé de La Clotte, de Bédénac (1), avant d'être nommé à Roch-Montlieu, en 1656, où il mourut le 22 mars 1664. Il fit venir en Saintonge deux de ses neveux, Jean et Antoine Arman, se titrant tous deux sieurs de Maison-Blanche, et qui épousèrent, en 1661 et 1666, Marie et Esther Vigen, filles de Jozias Vigen, sieur de Beauroch, notaire et procureur fiscal de Montlieu, protestant, mort en 1653, et de Jeanne Delalande, laquelle abjura avec ses filles, en 1657. A défaut de cure logeable à Roch, le prieur Arman résidait chez ladite veuve Vigen, et son logement y fut cambriolé en 1661, ce qu'il attribuait aux protestants, encore assez nombreux dans sa paroisse. Ces Vigen sont de la famille de l'auteur de ces lignes, mais d'une branche distincte de la sienne depuis la fin du XVI° siècle.

Les deux Arman s'établirent dans les biens de leurs femmes, ils y firent bâtir chacun une habitation (2), et moururent en 1694 et 1707. Chacun d'eux ne laissait que des filles, par lesquelles les propriétés des Armans passèrent en d'autres familles, et perdirent jusqu'à leur nom. Je suis le seul au monde, sans doute, à avoir retrouvé leur souvenir.

---

(1) A Bédénac son successeur fut un Boyges, de Curemonte, au même canton de l'arrondissement de Brives, dont les neveux s'établirent près de lui, et ont encore des représentants à Bédénac.

(2) 3 janvier 1657. Reconnaissance au seigneur de Montlieu, par Jean Arman, de six journaux de terre et pré au-dessous de Roch, où sont ses bâtiments. — En 1770, Jean Coustolle en paie la rente pour sa maison des Armands ; ses descendants y sont encore possessionnés.

Imprimerie E. Aubin. — Ligugé (Vienne).

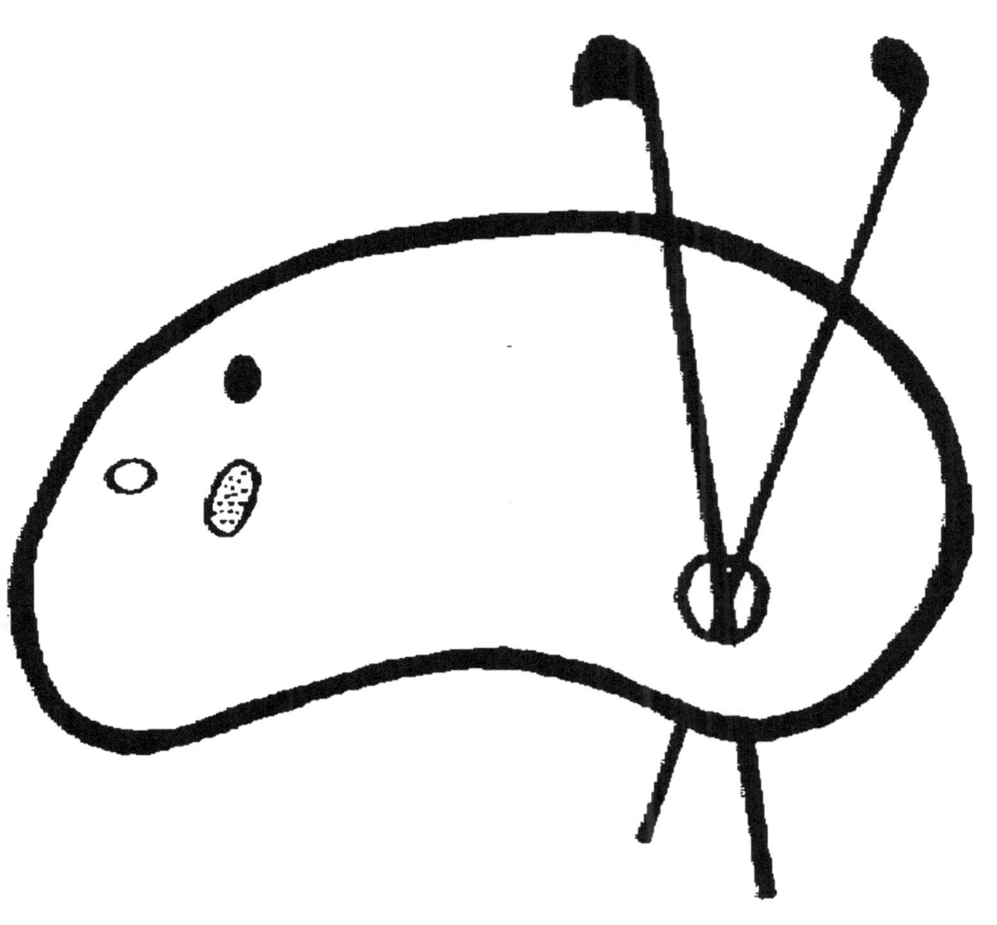

ORIGINAL EN COULEUR

NF Z 43-120-8